Saint Dominique
Fondateur
de l'Ordre des Frères Prêcheurs.

# Saint Dominique

## Fondateur

### de l'Ordre des Frères Prêcheurs,

par le R. P. D.-A. MORTIER,

des Frères Prêcheurs.

SOCIÉTÉ SAINT-AUGUSTIN.

DESCLÉE, DE BROUWER et C<sup>ie</sup>,

Imprimeurs des Facultés catholiques de Lille. — 1896.

# Saint Dominique

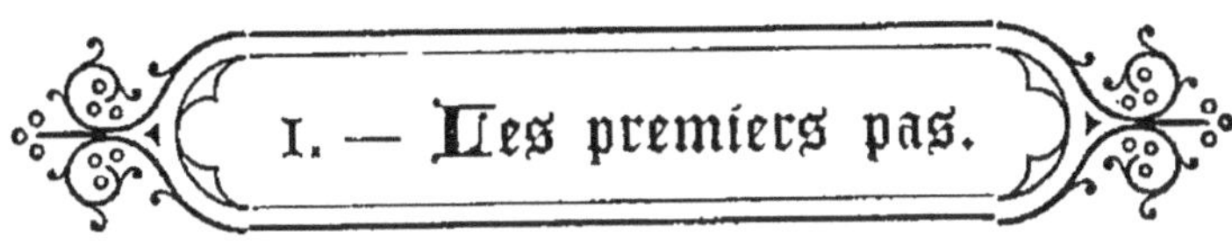



C'EST un fils de grands seigneurs d'Espagne, Félix de Guzman et Jeanne d'Aza, plus grands encore par leur insigne piété que par la noblesse de leur sang. Il naquit à Calaruega, en Castille, dans le château de ses pères, l'an 1170. Dès avant sa naissance, DIEU, dont le cœur a pour ses saints toutes les prévenances, fit comprendre à Jeanne d'Aza la vocation extraordinaire de l'enfant qu'elle portait. Il lui sembla voir en songe un chien s'échapper de son sein et courir, un flambeau dans la gueule, illuminer et embraser le monde. Au moment de son baptême, alors que cet enfant reçut le nom de Dominique, sa marraine vit une étoile briller sur son front. Ses rayons y laissèrent, toute sa vie, comme une splendeur surnaturelle. Présages lumineux qui forment, autour du berceau de saint Dominique, les premières et douces clartés d'une aurore dont le plein midi resplendira sur tout l'univers.

Quand il eut sept ans, Jeanne d'Aza confia l'éducation de son fils à un de ses frères, archiprêtre de Gumiel d'Yzan. C'est à l'ombre du sanctuaire, sous la direction prudente d'un prêtre, que Dominique se forma à la vertu. Ses premiers pas dans cette voie furent des pas de géant. DIEU prit possession de son cœur, qui, sous un tel Maître, resta pur, simple, droit comme le cœur d'un ange. Et cependant, comme les jeunes gens de son âge et de sa condition, il lui fallut quitter le toit paternel, ce foyer domestique

où le regard d'une mère est une protection
contre le mal, un secours contre l'adversité.
A quinze ans, Dominique se rendit à l'Uni-
versité de Palencia, célèbre alors dans toute
l'Espagne par la haute réputation des maîtres qui y enseignaient les sciences divines
et humaines. Ses études y furent brillantes.
Doué d'une intelligence d'élite et sentant
au fond de son cœur l'appel au sacerdoce, il
voulut orner son esprit de toutes les con-
naissances capables d'éclairer sa foi. Il accu-
mule ainsi par la prière et l'étude les trésors
de lumière et de vertu qu'il communiquera
plus tard aux âmes. La prière sans l'étude
est un édifice sans fondement, comme l'étude
sans la piété, pour un clerc, est un labeur
infructueux. L'alliance des deux forme le
vrai prêtre. De cette période universitaire
une seule parole de Dominique est venue
jusqu'à nous, mais comme elle le révèle

tout entier ! L'Espagne était désolée par une horrible famine, la misère était effroyable. Le saint jeune homme vend ses livres pour acheter du pain aux pauvres, et comme on s'en étonne, il dit : « Puis-je étudier sur des peaux mortes quand mes frères meurent de faim ? »

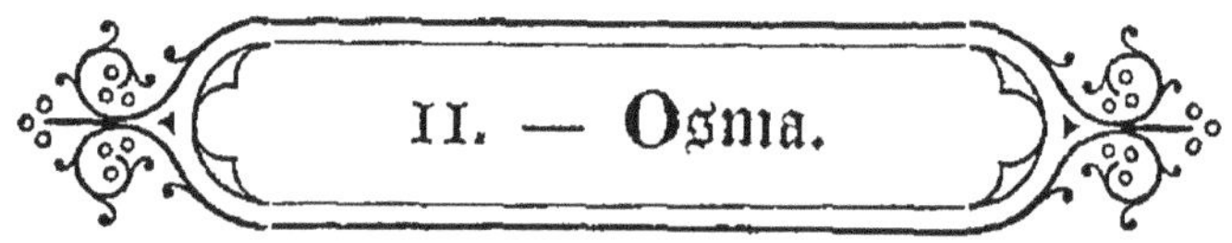


RDONNÉ prêtre vers 1195, Dominique brisa les liens qui l'attachaient au monde en entrant dans le Chapitre régulier que Dom Martin de Bazan, évêque d'Osma, avait établi dans sa cathédrale. « Il y parut, dit Thierry d'Apolda, comme la lampe qui brille sur le chandelier, miroir de vie, modèle de sainteté. Assidu à l'oraison, d'une charité parfaite, plein de compassion pour tous, son cœur et ses sens ne vivaient que pour Dieu. » Le chanoine commence la vie de prière et de pénitence qu'il continuera jusqu'au dernier soupir. A première vue, Dominique, devenu chanoine d'Osma, semble s'éloigner de la voie que Dieu lui réserve. Nullement, ce n'est point un écart, mais bien plutôt une providentielle préparation. Le culte divin, dont les chanoines réguliers devaient, par état, relever la splendeur, sera, dans l'Ordre futur des Prêcheurs, une des fonctions principales de ses membres. A son insu, le grand Fondateur, que la main de Dieu dirige, que son Esprit couve, s'emplit de la grâce qu'il devra répandre un jour sur les siens.

Pendant qu'il sanctifie son âme et active en elle le feu de la charité dans le cloître d'Osma, autour de sa paisible retraite on entend les hurlements des loups qui se jettent sur le troupeau du CHRIST. Dans le midi de la France, une secte nouvelle a paru, réformatrice, dit-elle, de l'Eglise romaine, dont elle condamne, au dehors, les abus, tout en pratiquant, dans l'ombre, les plus honteuses débauches. On appelle ces hérétiques Albigeois, car la ville d'Albi surtout en est infestée. Ces *« bonshommes »*, comme disaient les naïfs du temps, s'en allaient pauvrement vêtus, prêchant la pénitence, le dépouillement des biens de la terre, qu'ils accaparaient sous main à leur profit, séduisant par des dehors d'austérité ceux que le luxe et la cupidité de certains prélats et clercs scandalisaient. Le mal était si profond et si dangereux que le Pape Innocent III, homme de génie qui gouvernait l'Église, avait envoyé légats sur légats pour lutter contre son envahissement. Les rumeurs en arrivent jusqu'à Osma et le cœur de Dominique se prend d'ardeur pour le combat. Sauver les âmes, les ramener à Jésus-Christ, il en palpite d'aise ! Le chien du Seigneur, — ce chien symbolique entrevu par Jeanne d'Aza, — s'agite derrière les murs qui l'emprisonnent ; les hurlements des loups excitent son ardeur ; il a hâte de sortir, de courir à la chasse, d'aboyer après les ravisseurs. La porte du cloître d'Osma s'est refermée sur Dominique, qui la lui ouvrira ?

Le successeur de Martin de Bazan, Dom Diégo d'Azévédo, s'était pris d'une grande affection pour le serviteur de Dieu. Ame ardente et désireuse du bien, il avait, comme Dominique, la suprême ambition de se dévouer au salut de ses frères. C'est lui que Dieu a choisi pour le conduire où sa volonté l'appelle.

III. — Les débuts apos- toliques.

L A cour de Castille est en émoi. Alphonse VIII veut demander en mariage, pour son fils Ferdinand, âgé de 16 ans, la fille du roi de Danemark. Le voyage est long, l'ambassade délicate, l'alliance ardemment désirée. On s'empresse pour donner à l'ambassadeur un cortège digne de la puissance et de la richesse de l'Espagne. Comme la Providence laisse les hommes se démener dans leurs pensées terrestres et sait s'en servir pour le salut du monde ! Il s'agit bien, pour Dieu, du mariage d'un prince de Castille ! Si ce projet préoccupe Alphonse VIII, si les politiques en calculent les chances et en escomptent les suites, c'est pour ouvrir à Dominique la porte des Pyrénées. L'ambassadeur choisi est Diégo d'Azévédo ; il ne partira pas sans son fidèle ami. Tous deux, escortés d'une suite nombreuse, passent les Pyrénées : Dominique se trouve sur le champ de bataille que Dieu lui a réservé. A peine arrivé, il combat. A Toulouse même, il s'aperçoit que le maître de la maison où il reçoit l'hospitalité est hérétique ; il entreprend de le convertir, il lui parle avec tant de douceur et de clarté que cet homme se jette à ses pieds et abjure son erreur. Ce sont les prémices de son apostolat, le germe fécond de l'Ordre des Prêcheurs.

Les deux voyageurs, continuant leur route, remplirent avec succès leur mission près la cour de Danemark. Au retour, après un rapide pèlerinage au tombeau des apôtres à Rome, ils s'arrêtèrent à Montpellier. Douze abbés de l'Ordre de Cîteaux et quelques prélats, délégués par Innocent III, y délibéraient sur les moyens à prendre pour combattre l'hérésie albigeoise. Diégo d'Azévédo, rempli de l'esprit de DIEU, leur dit : « Mes Seigneurs et mes Pères, si vous voulez ramener à la vérité ces esprits égarés, commencez par leur donner le bon exemple. Laissons le luxe de nos équipages, et, à pied, pauvres comme notre Sauveur, prêchons la vraie doctrine de l'Évangile. » Et, aussitôt, le saint évêque renvoie les gens de sa suite, les autres font de même, et tous se mettent à prêcher. Dominique était ravi, le vœu de son cœur se réalisait. Pendant deux ans il travailla, sous la direction de son évêque, à la conversion des Albigeois, et quand celui-ci, sentant ses forces défaillir, regagna son église d'Osma, il ne put abandonner l'œuvre commencée. Les deux amis se dirent adieu sur cette terre de France, arrosée de leurs sueurs et destinée à être le berceau de l'Ordre des Prêcheurs.

RESTÉ seul au milieu des Albigeois, Dominique continua hardiment ses prédications. Comme à Diégo d'Azévédo, la pauvreté volontaire lui parut le moyen le plus puissant pour les convertir. Aux reproches trop justifiés d'ambition et d'avarice que les hérétiques faisaient au clergé, il fallait opposer la pratique publique d'un désintéressement absolu. L'homme de Dieu n'hésita pas, et de voir ce fils de grands seigneurs vêtu d'une robe blanche et d'un manteau noir en laine grossière, les pieds nus, parcourant les campagnes, vivant de peu, couchant par terre, sans un toit pour s'abriter, refusant tout argent, n'ayant pour tout trésor que l'Évangile de saint Matthieu et les Épîtres de saint Paul, c'était chose si touchante que sa parole avait un merveilleux succès. Quand, l'air recueilli et cependant joyeux, doux et affable envers tous, il traversait les villages infestés par l'hérésie, on croyait voir passer JÉSUS-CHRIST lui-même, le bon Pasteur courant, plein de miséricorde, à la recherche de la brebis égarée.

La pauvreté lui ménagea quelques désagréments. Comme il était simple au dehors, sans apparat, sans défense, toujours patient, les hérétiques se moquaient de lui. Ils le tournaient en ridicule, l'injuriaient, lui lançaient des crachats et de la boue. Quelquefois, abusant de sa douceur, ils s'approchaient par derrière, et attachaient des brins de paille à son manteau. L'homme de Dieu les laissait faire, pensant à Celui qui, assis sur un fût de colonne dans le prétoire de Pilate, avait été souffleté, frappé, couvert de crachats pour sauver les âmes, et heureux dans son cœur de coopérer à leur salut de la même manière.

Une discussion solennelle entre catholiques et Albigeois devait avoir lieu. L'évêque du diocèse, venu pour y prendre part, s'apprêtait à s'y rendre en grande pompe : beaux équipages, riches vêtements, suite nombreuse. Dominique était navré : « Seigneur mon Père, lui dit-il humblement, ce n'est pas ainsi qu'il faut agir contre les enfants de l'orgueil. L'humilité, la patience, voilà les armes pour confondre les adversaires de la vérité, non le faste, la grandeur et le déploiement de la gloire du siècle. Armons-nous de la prière, et, pieds nus, vraiment humbles de cœur, allons au devant de Goliath. » L'évêque fut ému de ce langage apostolique, et tous, à l'exemple de Dominique, se déchaus-sèrent. Or, comme ils ne connaissaient pas le chemin, ils prièrent un habitant du lieu de les diriger. C'était un hérétique, qui prit un malin plaisir à les égarer. Ils les con-duisit à travers bois, par un sentier plein d'épines et de ronces, où leurs pieds nus furent vite ensanglantés. Dominique, joyeux selon sa coutume, ne put retenir l'émotion de son cœur : « Courage! dit-il à ses compagnons, la victoire est à nous, puisque nos péchés sont lavés dans le sang! » Leur guide fut tellement touché de la patience et des discours de l'homme de Dieu, qu'il avoua sa perfidie et revint à la vraie foi.

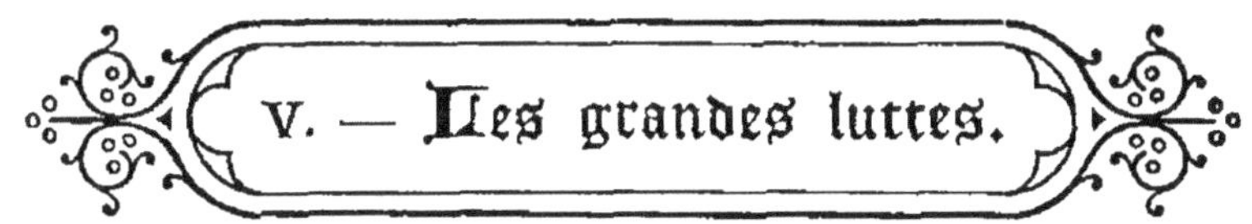


Dominique n'était pas seulement un saint prêchant par l'exemple, il avait en outre la science théologique nécessaire à sa vocation apostolique. Quand l'étudiant de Palencia s'acharnait au travail, Dieu préparait en lui le *Prêcheur*. Les hérétiques, même les plus instruits, ne l'effrayaient pas. Il disputait avec eux publiquement, réfutant leurs sophismes, confondant leurs erreurs, les réduisant au silence par ses réponses victorieuses. Autour de lui couraient des écrits, rédigés par les chefs des Albigeois, qui, plus perfides et plus insinuants que la parole, corrompaient les fidèles et les poussaient à la révolte contre l'Eglise romaine.

Il écrivit à son tour, exposant, avec la clarté et la précision d'une doctrine sûre d'elle-même, les vérités de la foi. Ce livre eut un tel succès, que les évêques et les fidèles l'adoptèrent de préférence à tout autre comme manuel de polémique. DIEU lui-même y mit sa signature par un miracle éclatant. Un jour, après une orageuse discussion terminée sans succès avec les hérétiques de Fangeaux, on décida de s'en remettre à l'épreuve du feu. En présence de tous, amis et ennemis, le livre de Dominique et celui d'un Albigeois sont jetés dans un brasier. Le livre de l'Albigeois est rapidement consumé et réduit en cendres, tandis que le livre du saint apôtre est rejeté violemment loin du feu. Deux fois encore il est plongé dans le brasier, deux fois, comme animé d'une vie surnaturelle, il s'élance hors de la flamme, intact, à la stupeur des assistants. C'était la confirmation publique, officielle, de la prédication de saint Dominique, le sceau de Dieu sur son apostolat.

Partout où l'hérésie triomphait, Dominique accourait, prêchant sans cesse, instruisant les ignorants, fortifiant les faibles, prêt à verser pour leur salut jusqu'à la dernière goutte de son sang. Un Albigeois lui dit un jour : « Je me convertirais bien à la foi catholique, mais les « *bonshommes* » me donnent le nécessaire ; sans eux, je ne puis vivre. » L'homme de Dieu ne put contenir son émotion, et, pour sauver cette âme, il résolut de se vendre comme esclave et de lui donner le prix de sa liberté.

Une autre fois, il avait échappé, à son insu, à un guet-apens préparé par ses adversaires pour le faire périr. L'un d'eux lui dit : « Qu'auriez-vous fait si nous vous avions pris? » Le saint répondit : « Je vous aurais prié de ne pas me tuer d'un seul coup, mais de me couper les membres un à un et, après en avoir mis les morceaux mutilés devant moi, de finir par m'arracher les yeux en me laissant baigné dans mon sang ! » Tout le cœur de Dominique est dans ce cri héroïque qui rappelle l'ardeur du grand martyr Ignace, ses désirs violents d'être broyé, dévoré par les bêtes pour la gloire de Jésus-Christ.

Ce que les impies, maintenus par la puissance divine, ne lui donnaient pas, l'homme de Dieu se l'imposait par des pénitences rigoureuses, convaincu que sa parole, aussi éloquente et aussi savante fût-elle, n'aurait aucun succès, si elle n'était fécondée par le sang du sacrifice. Ce que le Maître divin n'avait pu faire sans souffrir et mourir, le disciple ne pouvait prétendre l'accomplir. Dominique s'unit à sa

douloureuse Passion, crucifie sa chair et offre le sang qui coule sous les coups de sa discipline à la Justice souveraine pour la conversion des pécheurs. A l'approche d'un carême, il va demander l'hospitalité à certaines dames de la noblesse séduites par les Albigeois. On le reçoit, on lui prépare un lit : « Non, dit-il, nous n'en n'avons pas besoin, mon compagnon et moi nous coucherons sur des planches. » Et pendant tout le carême, il prend à peine quelques heures de repos, prêchant le jour, priant la nuit, vivant de pain et d'eau. L'exemple porta ses fruits, et ces dames, édifiées par la vertu du saint homme, renoncèrent à leurs erreurs.

C'EST à cette période, pendant les grandes luttes avec les Albigeois, que Dominique reçut du Ciel un puissant secours. Malgré les efforts tentés par les légats d'Innocent III, malgré les prédications, les vertus et les miracles du grand apôtre, l'hérésie, battue en brèche, vaincue d'un côté, mais soutenue de l'autre par le comte de Toulouse, réparait ses ruines et restait une menace pour la chrétienté. L'homme de DIEU s'en plaignit dans son cœur à Celle que tout chrétien salue du doux nom de Mère. Il avait pour la Sainte Vierge une tendresse filiale et lui confiait, comme un enfant, ses joies et ses tristesses.

La bonne Mère fut sensible à la plainte de son serviteur. Elle lui apparut et lui révéla un mode de prédication inconnu jusqu'alors, qu'elle lui affirma être, pour l'avenir, l'arme la plus redoutable contre l'erreur et l'adversité. Arme très humble, à première vue, qui fait sourire l'incrédule, car il ne comprend pas les mystères de Dieu. Cette arme est le Rosaire. La Reine du Ciel daigna elle-même apprendre à Dominique à dire le Rosaire. Et depuis l'homme de Dieu s'en allait par les villages hérétiques, rassemblait les peuples, récitait les dizaines d'*Ave Maria*, s'arrêtait à chacune d'elles pour expliquer un des mystères de la religion. Ce que sa parole ne parvenait pas à faire admettre, la douce prière de l'*Ave Maria* l'insinuait au fond des cœurs. Ce genre de prédication eut un immense succès. Des lèvres de Dominique, le Rosaire de Marie a passé sur les lèvres de ses enfants. Ils l'ont porté sur toutes les plages du monde, et dans l'Eglise catholique, il n'est point une âme vraiment chrétienne qui n'égraine avec bonheur les *Ave Maria* de son chapelet.

Le Rosaire venait à son heure. Autour de l'apôtre pacifique, des bruits de guerre se font entendre. Sourds à la voix d'Innocent III, rebelles à tous les dévouements, les Albigeois sont mis au ban de la chrétienté, déclarés ennemis publics. C'est qu'alors la loi évangélique, du consentement unanime des peuples, formant la base de la société, était considérée comme le droit international. Quiconque se révoltait contre la foi, devenait par là même perturbateur de l'ordre public, révolutionnaire dangereux que l'Etat, comme l'Eglise, traitait en ennemi. Innocent III, d'accord avec les princes chrétiens, prêcha la croisade contre les Albigeois et le comte de Toulouse leur protecteur. Les armes des combattants avaient besoin de la bénédiction de Dieu ; nul moyen plus que le Rosaire n'était propre à l'attirer. Aussi la victoire de Muret est considérée à juste titre comme le premier fruit du Rosaire. Pendant que Simon de Montfort, à la tête des Croisés, livre bataille au comte de Toulouse et au roi d'Aragon, chefs des Albigeois, Dominique se retire dans une église et implore le secours de la Sainte Vierge. Les hérétiques sont vaincus, le roi d'Aragon tué, le comte de Toulouse mis en fuite, puis dépossédé de ses Etats ; c'est le triomphe complet de la foi sur l'erreur.

## VII. — Gloire et Humilité.

SI l'œuvre de saint Dominique au milieu des Albigeois excite la haine des hérétiques, elle remplit d'admiration les défenseurs de la foi. Son éloquence les ravit, sa vertu les édifie, son affabilité les séduit.

C'est que l'homme de DIEU possédait cette tendresse de cœur qui attire les âmes et fait germer autour de soi les plus touchantes amitiés. Simon de Montfort se prend d'une profonde affection pour l'humble prédicateur. Il veut qu'il baptise l'une de ses filles. A côté du guerrier, nous voyons Foulques, l'évêque de Toulouse, lui prodiguer les témoignages d'un généreux dévouement. On lui offre successivement trois évêchés, Béziers, Conserans et Comminges. Dominique refuse. Ce ne sont point les honneurs et les dignités qu'il est venu chercher chez les Albigeois, mais les mépris et les humiliations. Si les grands le vénèrent, si les peuples l'acclament, il s'enfuit dans les contrées où les hérétiques l'insultent, comme à Carcassonne, où il allait de préférence, sûr d'y être abreuvé d'outrages. Dieu lui-même a beau l'exalter par de nombreux miracles, révéler le degré sublime de sa sainteté, rien ne peut troubler son humilité. L'abbé d'un monastère de Castres l'invite un jour à dîner. En attendant l'heure du repas, le saint se retire à l'église et voici que, pendant sa prière, son corps, suivant le mouvement de son âme vers Dieu se soulève de terre, dans la joie de l'extase. Le clerc qui le cherche partout, — car l'heure du dîner est passée, — le trouve ainsi suspendu entre le ciel et la terre... Il lui dit : « Seigneur, le dîner est terminé ; » et l'homme de Dieu, revenant à lui-même, rougit, confus d'avoir été surpris dans sa prière, et le supplie de n'en rien dire.

Epuis dix ans, saint Dominique évangélisait le midi de la France, n'épargnant ni ses sueurs ni son sang pour ramener à Dieu les âmes égarées. Au milieu de ses courses apostoliques, un projet s'était éveillé dans son esprit. Regardant autour de lui, il voyait avec tristesse que la prédication apostolique n'existait plus. Les évêques, occupés aux affaires de leurs diocèses et de l'Etat, n'avaient pas le temps de prêcher ; les moines, bénédictins et autres, avaient pour mission d'édifier les peuples par leurs vertus, de chanter les louanges de Dieu, de prendre soin des pauvres, non de prêcher ; et le saint homme estimait, à bon droit, que si les hérésies se multipliaient au point de devenir un danger pour la chrétienté, la cause de ce facile développement était l'ignorance des foules. Pendant les longues années de son apostolat, Dominique mûrit lentement, silencieusement le dessein de fonder un Ordre religieux qui, comme lui, irait par le monde prêcher les vérités de la foi. Longtemps il hésita, longtemps il pria, demandant à Dieu de bénir cette pensée, car Dieu seul pouvait la réaliser. L'heure est venue. Dominique a quarante-cinq ans, — (1215) — il est dans la pleine maturité de ses forces, il a tout expérimenté. La science, il la possède en maître ; le culte divin, il en connaît les splendeurs ; la pauvreté, il en a fait son amie ; la pénitence, il la pratique en héros ; la prédication est sa vie de tous les jours. Son idée est large et généreuse. Ce qu'il veut, c'est former des apôtres, non des parleurs, et il rêve un Ordre où la vie monastique et la vie apostolique, étroitement unies, coopéreront toutes deux, l'une par la prière et la pénitence, l'autre par la parole, au salut des âmes. C'était, à vrai dire, une pensée hardie, digne de l'intelligence et du cœur du grand apôtre. Il s'en ouvrit à quelques hommes de piété qui s'étaient joints à lui pour évangéliser les Albigeois, et à Foulques, l'évêque de Toulouse, son meilleur ami. D'un commun accord il fut résolu que l'homme de DIEU se rendrait à Rome pour demander l'approbation du Souverain Pontife.

Le moment n'était pas favorable. Le dernier concile de Latran avait défendu de fonder de nouveaux Ordres religieux ; aussi la réponse d'Innocent III fut un refus. La nuit suivante le Pontife vit en songe la basilique de Saint-Jean de Latran, mère et maîtresse de toutes les églises, pencher comme un bâtiment ruiné ; et pendant qu'il la regardait, avec effroi, s'écrouler, il vit saint Dominique la soutenir sur ses épaules. Innocent III comprit, fit appeler l'homme de DIEU, approuva son projet, et lui enjoignit de retourner à Toulouse pour choisir avec ses compagnons une des règles déjà approuvées par l'Eglise. Joyeux dans son cœur, Dominique se hâte vers les siens. La règle de saint Augustin fut jugée la plus apte à contenir dans son cadre les constitutions de l'Ordre naissant. On se mit à l'œuvre et, grâce à l'amitié de Foulques, on bâtit, près l'église de Saint-Romain de Toulouse, un cloître pour recevoir les Frères. Ils étaient seize. Leur premier soin, à l'exemple et à la prière de leur Père, fut d'inaugurer leur vie religieuse en renonçant à toute possession temporelle, résolus qu'ils étaient tous à pratiquer la plus stricte pauvreté en vivant **d'aumônes**.

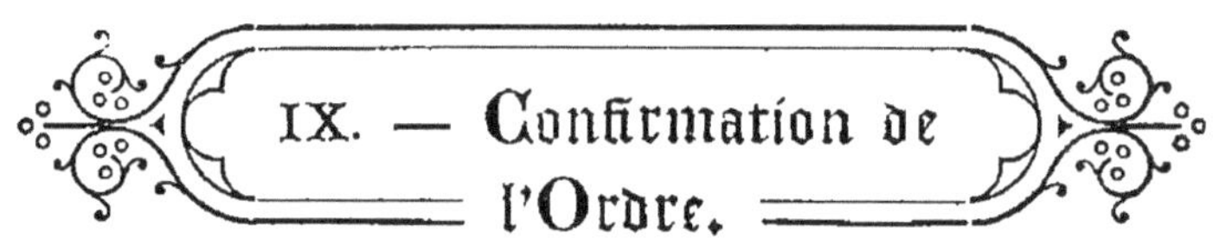



’AN 1216, Dominique, laissant ses fils à la garde de DIEU, reprend le chemin de Rome, pour soumettre à Innocent III les constitutions de son Ordre. A son arrivée, le Pontife venait de mourir. C'était un contre-temps fâcheux, mais les saints, ne travaillant pas pour eux-mêmes, voient partout et suivent en tout la volonté de DIEU. DIEU, du reste, rassura immédiatement son serviteur. Avant de se présenter à Honorius III, successeur d'Innocent, Dominique eut une vision. Le Fils de DIEU lui apparut avec un visage irrité, prêt à frapper le monde. Sa sainte Mère se jette à ses pieds, les embrasse et le supplie d'épargner les âmes pour lesquelles il a tant souffert : « J'ai, lui dit-elle, deux serviteurs fidèles que vous enverrez annoncer Votre Parole, » et elle présenta à son divin Fils deux hommes dont l'un était Dominique lui-même, mais l'autre lui était inconnu. Le lendemain, comme l'homme de Dieu priait dans la basilique de Saint-Pierre, il vit un pauvre, vêtu d'une tunique grossière, ceint d'une corde, pieds nus ; c'était l'inconnu de la vision : il courut à lui, le serra dans ses bras et lui dit : « Vous êtes mon compagnon, vous courrez à mes côtés, tenons-nous ensemble et nul ne pourra prévaloir contre nous. » Ce pauvre était François d'Assise, le séraphique amoureux de la Croix de Jésus-Christ.

Consolé et rassuré par cette vision, Dominique se présenta devant Honorius III, exposa sa requête et obtint la confirmation de son Ordre. Le Pontife fut séduit, comme tous ceux que Dominique approchait, par la vertu qui rayonnait de tout son être et l'affabilité de sa conversation. Il sera pour lui le protecteur le plus dévoué, l'ami le plus généreux. Le premier, il donne à l'Ordre nouveau son nom officiel de Prêcheurs. DIEU voulut confirmer d'une manière directe la fondation de cet Ordre apostolique. Un jour que le saint Patriarche priait dans la basilique de Saint-Pierre, il fut ravi en extase : Pierre et Paul, les chefs de l'apostolat, lui apparurent ; Pierre lui remit un bâton, Paul, un livre, et tous deux lui dirent : « Va et prêche ! tu es choisi de DIEU pour ce ministère. » Et devant les yeux de Dominique, le monde entier passa, et il vit ses enfants dispersés à travers les nations, s'avançant deux à deux et prêchant la parole de DIEU. Son œuvre était fondée.

Ort de la bénédiction du Vicaire de Jésus-Christ, Dominique repassa les Alpes. A peine arrivé chez les siens à Toulouse, il leur déclara que l'heure était venue de se séparer et de se répandre dans le monde. Ils n'étaient qu'une poignée, seize ! et le semeur n'hésitait pas à jeter cette poignée aux quatre vents du ciel. Il fallait toute l'audace de la sainteté ! Qu'allaient devenir, loin de leur Père et de leurs amis, ces hommes inconnus de tous, vêtus d'un habit religieux — celui des Chanoines d'Osma que Dominique avait gardé, robe blanche et manteau noir — auquel les yeux n'étaient pas habitués, pauvres, sans défense, à la merci de la charité publique ? Les amis du saint Fondateur étaient effrayés et taxaient d'imprudence cette dispersion prématurée. Ils jugeaient en hommes, Dominique en saint. Rien ne l'arrêta : « Mes Seigneurs et mes Pères, répondit-il à Simon de Montfort et à Foulques, ne vous mettez pas en opposition avec moi. Je sais ce que je fais. Quand le grain reste en tas, il se pourrit ; si on le sème, il produit la moisson. » Et jetant sur le monde un regard de maître, ce grand homme le partage entre ses fils, comme une conquête. Il leur donne pour toute richesse sa bénédiction : « Allez, leur dit-il, à pied, sans argent, sans souci du lendemain ; mendiez votre nourriture ; je vous promets que, malgré les angoisses de l'indigence, le nécessaire ne vous manquera jamais. » Et confiants dans la parole de leur Père, ils partent, ces vaillants, comme les premiers Apôtres, le cœur joyeux. Leurs succès furent prodigieux. En quelques années, cette poignée de grains produisit

une moisson surabondante. Les Prêcheurs se multiplièrent comme par miracle, étonnant et édifiant l'Eglise par leur éloquence, leur enseignement et leurs vertus. A peine la source des Prêcheurs, longtemps contenue, a-t-elle jailli du cœur de Dominique qu'elle devint un fleuve.

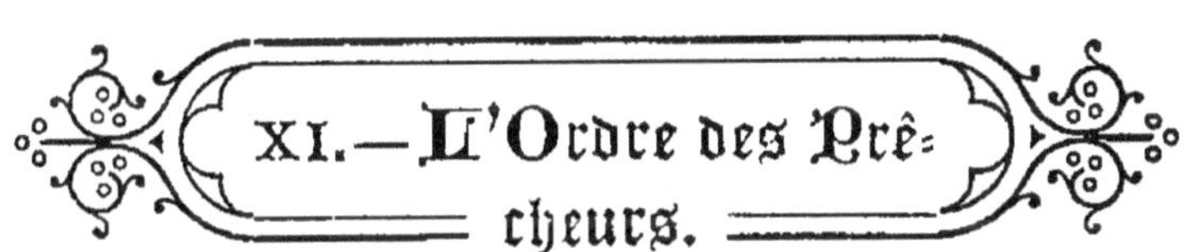


L'ORDRE des Prêcheurs est constitué. Dominique est à sa tête comme Maître-Général. Au-dessous de lui, chaque couvent a son Prieur ; mais bientôt leur grand nombre exigea la formation des Provinces. Les couvents situés dans les limites de tel territoire furent soumis à la direction d'un Prieur Provincial. Les attributions de ces diverses autorités furent réglées par des Constitutions successives, qui maintinrent l'unité parfaite du gouvernement, tout en laissant à chacune la liberté nécessaire à son administration. Chaque maison se compose d'un cloître, « cette cour entourée d'un portique, » sur lequel ont accès les lieux réguliers, comme le réfectoire, le chapitre, les salles de réunion et l'église. A l'étage supérieur sont les cellules : quatre murs blanchis à la chaux, ornés de pieuses images, un lit plus que modeste, souvent une planche, une table de travail, c'est le lieu sacré : le religieux s'y sanctifie par l'étude, la prière et la pénitence. Le silence est continuel, sauf quelques instants de récréation pour délasser l'esprit, car le Prêcheur doit étudier. S'il veut enseigner aux autres les vérités de la foi, être le docteur des ignorants, il faut qu'il en connaisse tous les secrets, qu'il soit prêt à rendre raison de sa foi à tout venant, à combattre toutes les erreurs : l'Ecriture sainte, la philosophie, la théologie, toutes les sciences sont de son domaine, car toutes sont appelées à glorifier Dieu et à éclairer les esprits. La devise de l'Ordre est *Veritas !* La vérité, tout Prêcheur doit la connaître, l'aimer et la répandre autour de lui ; c'est son but unique, sa raison d'être, l'idée essentielle de son fondateur.

Le Prêcheur fait pénitence ; c'est une conséquence nécessaire de sa vocation apostolique. Sa prédication, comme celle de son Père, trouve sa fécondité dans la souffrance. S'il jeûne souvent, s'il fait maigre toute l'année, s'il couche sur la dure, s'il se lève la nuit, s'il accepte les inconvénients de la pauvreté, les humiliations morales, les contradictions, les épreuves, les entraves de l'obéissance, c'est pour sanctifier sa parole, l'imbiber, pour ainsi dire, du sang de JÉSUS-CHRIST, et, par la vertu de ce sang, en faire une parole vraiment apostolique. Le Prêcheur prie. Malgré ses études, ses prédications incessantes, il doit trouver le temps, le jour et la nuit, de réciter ou de chanter l'Office divin. C'est une de ses fonctions principales. Le travail de l'étude sans la prière de la charité serait peu efficace. « Maître Dominique, disait un clerc, ravi de sa science, dans quels livres avez-vous étudié ? » « — Mon fils, répondit l'apôtre, j'ai étudié surtout dans le livre de la charité, car c'est lui qui apprend tout. »

Tel est, dans ses grandes lignes, l'Ordre de Saint-Dominique, merveilleuse alliance de la vie monastique et de la vie apostolique. Le saint fondateur en offre dans sa personne l'idéal le plus parfait. Doux et indulgent pour les autres, il gardait pour lui la plus rigoureuse austérité dans le jeûne et l'abstinence. Sa pauvreté était extrême. Il allait par les rues avec des vêtements grossiers, se contentant d'une seule tunique, l'hiver comme l'été. Jamais, ni au couvent, ni au dehors, il n'usait d'un lit : la terre nue, un banc, une claie, une botte de paille lui suffisait. Il dormait peu, rarement avant l'heure des Matines, et ne se recouchait pas après. Il allait, dans l'église, d'un autel à l'autre, priant, tantôt à genoux, les bras en croix ou levés en flèche au-dessus de sa tête, tantôt incliné ou étendu par terre. Trois fois la nuit il se frappait jusqu'au sang avec une discipline ou une chaîne de fer. Quand le sommeil appesantissait ses paupières, il s'étendait sur une dalle ou s'appuyait la tête contre un autel. Sa méditation était si profonde que rien ne pouvait la troubler. Une nuit qu'il était prosterné devant un autel, le diable lui lança une pierre énorme qui passa si près de sa tête qu'elle toucha son capuce ; le saint resta immobile, continuant sa prière. Une autre fois, le diable, sous la forme d'un singe, voulut l'empêcher, par ses grimaces, de faire sa lecture ; c'était la nuit, Dominique s'éclairait d'une lumière. Il regarde le diable avec mépris et le force à tenir la chandelle pendant sa prière.

Malgré la rigueur de sa pénitence et son recueillement habituel, l'homme de Dieu se montrait toujours joyeux et affable. Si les Frères manquaient de pain ou se trouvaient dans quelque nécessité, il les excitait à la joie ; au chœur, pendant l'office, il allait de stalle en stalle, l'air radieux, les exhortant de la voix et du geste à chanter avec allégresse. Le *Prêcheur* a gardé ce cachet de joie filiale dans ses rapports avec Dieu et les âmes, et Dominique l'a profondément imprimé sur son Ordre. Son âme n'est point oppressée, ses facultés comprimées : tout ce qu'il a de bon dans son esprit et dans son cœur, il le donne à Dieu, ne croyant jamais l'avoir assez développé pour sa gloire. Sa règle n'est point une prison qui l'étouffe, mais le foyer domestique, le *home* divin où il trouve une famille pour l'aimer, des maîtres pour le diriger, non l'amoindrir.

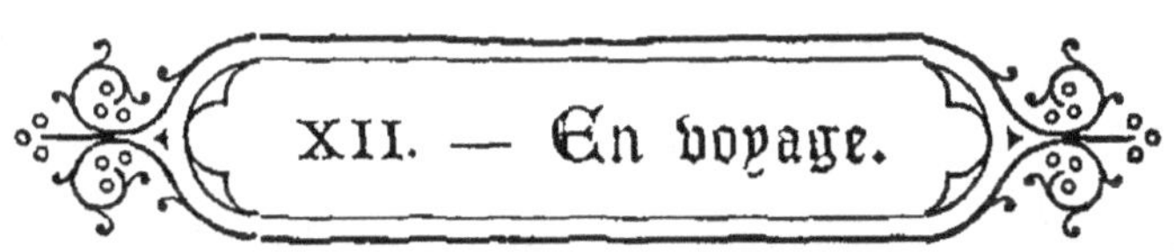


PENDANT que ses enfants se dispersent à travers le monde, Dominique se rend à Rome une troisième fois pour établir son Ordre près la chaire de saint Pierre. Cette place lui appartenait. Contemplons un instant le saint voyageur. Nous sommes en 1216 ; Dominique a quarante-six ans. Sa taille est moyenne, son corps svelte et agile, son visage beau et coloré. Sa barbe et ses cheveux tirent un peu sur le roux. De son front, entre les sourcils, jaillit comme un rayonnement lumineux. Ses mains sont longues et fines, sa voix forte et vibrante. Il a gardé tous ses cheveux, et sa couronne monastique, parsemée de quelques fils blancs, forme autour de sa tête comme un nimbe d'or. Ainsi l'a vu et dépeint Sœur Cécile, une de ses première filles. Le caractère de sa physionomie est la joie, cette paisible, douce et souriante sérénité d'une âme pure. Toujours égal d'humeur, il supporte patiemment les injures des hommes, les intempéries des saisons, les incommodités de l'indigence, les fatigues des voyages. Son cœur ne se trouble que sur les misères

humaines ; la souffrance, le péché lui arrachent des larmes. Il ne voyage pas seul, des Frères l'accompagnent. Sur le chemin, comme au couvent, il observe la règle, garde le silence aux heures convenues, récite l'Office divin, fait sa lecture de piété. Son bagage est léger : l'Evangile de saint Matthieu, les Epîtres de saint Paul, quelques hardes, c'est tout ; il le porte sur ses épaules. De temps à autre il parle à ses compagnons, mais toujours de DIEU. S'il s'arrête dans une maison, sa conversation est édifiante ; il ne peut s'approcher des âmes sans leur faire du bien. Souvent, en voyant de loin un village, il fondait en larmes, en songeant aux faiblesses de l'humanité : « Seigneur, s'écriait-il, dans votre bonté, ne regardez pas mes péchés et ne répandez pas votre colère sur ce peuple à mon arrivée. Ne le punissez pas et ne le détruisez pas à cause de mes iniquités... » Pieds nus par les chemins, il se chaussait avant d'entrer dans les villes ou villages, et étanchait sa soif, s'il le pouvait, à une fontaine, afin que le besoin ne le fît pas boire outre mesure. Jamais il n'a d'argent, et s'il ne reçoit pas l'hospitalité, il mendie son pain de porte en porte. Un jour, un paysan lui donne un pain tout entier. Dominique se jette à ses genoux pour le remercier. Dur à lui-même, il supporte les privations avec patience, mais si les siens souffrent, il multiplie par miracle le pain et le vin pour les restaurer; il écarte la pluie ou passe sous ses ondées sans être mouillé. Sa première visite, dans tous les pays qu'il traversait, était pour l'église, car il avait le plus grand amour de la Sainte Eucharistie.

Ainsi va l'homme de DIEU. Une troisième fois il franchit les Alpes, et qui-

conque l'eût rencontré dans l'humble atti-
rail de sa pauvreté, un bâton à la main et
la besace sur l'épaule, n'eût pas pensé qu'il
passait à côté du Patriarche des Prêcheurs.

## XIII. — Saint-Sixte.

LE pape Honorius III lui fit à Rome
l'accueil le plus favorable. Il lui
donna comme résidence provisoire le couvent de Saint-Sixte à la voie Appienne,
où Dominique en trois ou quatre mois
réunit plus de cent religieux, tant sa parole
était féconde ! Par ordre du Pape, qui créa
pour lui la charge de Maître du Sacré-
Palais, il commença son ministère apostolique dans la Ville éternelle. DIEU le
marqua immédiatement d'un signe écla.

tant. Un jour qu'il prêchait à Saint-Marc, pendant le carême, une pauvre femme vint assister à ses prédications. Elle avait laissé dans sa maison son enfant malade. Au retour il était mort. Désolée, elle prend dans ses bras le corps inanimé et le porte au couvent de Saint-Sixte. Dominique se trouvait à la porte du chapitre avec quelques. Frères. Elle se jette à ses genoux. « Homme de Dieu, rendez-moi mon fils! » crie la malheureuse. Ému de compassion, le saint lève les yeux au Ciel, priant Dieu dans son cœur, fait sur l'enfant le signe de la croix, le prend par la main, et l'enfant s'agite vivant dans les bras de sa mère. Honorius, averti d'un tel prodige, voulait le faire publier dans toutes les églises, mais l'homme de Dieu menaça de passer les mers si pareille publication avait lieu. Il ne put contenir l'enthousiasme populaire.

et quand il paraissait dans les rues, on se précipitait à ses pieds et on lui coupait ses vêtements pour en faire des reliques. Dans ce même couvent, pendant qu'on travaillait à sa restauration, un ouvrier fut écrasé dans une crypte par l'écroulement de la voûte. Les Frères accourent, dégagent le corps : ce n'était plus qu'un cadavre. Leur désolation était extrême. Dominique s'approche et commande au mort de revenir à la vie. L'ouvrier se lève sans trace de blessures.

Les Frères vivaient à Saint-Sixte dans une grande pauvreté. Un jour, la quête ayant été infructueuse, il n'y avait rien pour le dîner, pas même de pain. Le bienheureux Père fait donner le signal pour se rendre au réfectoire. « A quoi bon, disaient les Frères, puisque nous n'avons rien à manger. » Mais lui répondit : « Le Seigneur nourrira ses serviteurs. » On met la nappe, les coupes, le saint bénit la table et chacun prend place. Le Frère Henri de Rome commence la lecture. Dominique joignant les mains se met à prier, et au même instant, deux jeunes hommes apparaissent au milieu du réfectoire, portant dans des nappes des pains très blancs. Ils s'approchent de la table et, commençant à chaque bout par les derniers Frères, ils offrent à chacun un pain entier. Arrivés devant saint Dominique, ils lui donnent un pain, saluent et disparaissent. Alors, le bienheureux Père dit aux Frères : « Mangez, mes fils, le pain que le Seigneur nous a envoyé. » Puis il ordonne d'aller chercher du vin. « Père saint, répondent les servants, il n'y en a plus. » — « Allez au baril, reprend Dominique, et apportez le vin que le Seigneur y a mis. » Ils y allèrent, trouvèrent le baril plein jusqu'en haut, et les Frères burent à leur aise.

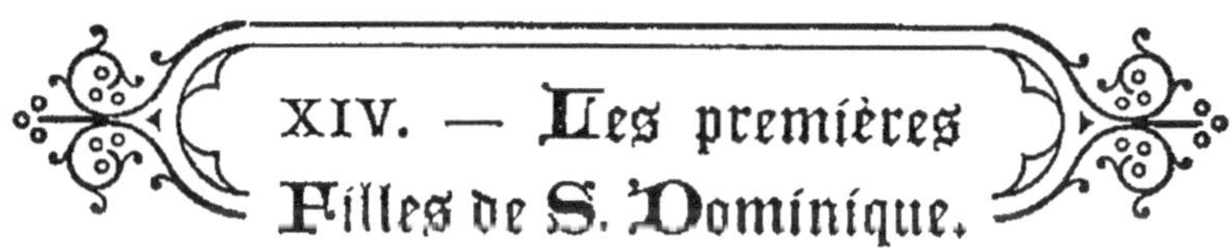

## XIV. — Les premières Filles de S. Dominique.

AU temps de ce séjour à Rome, Honorius fit don au saint fondateur de son Palais de l'Aventin, situé près de l'église de Sainte-Sabine. C'est là que les Frères se transportèrent pour laisser le couvent de Saint-Sixte à des religieuses que Dominique eut commission d'y réunir. Ces religieuses vivaient un peu partout dans un grand relâchement, et ce ne fut pas sans difficultés qu'il parvint à les former à l'austérité de la vie monastique. Il leur donna la règle de son Ordre, comme il avait fait au premier monastère de femmes qu'il avait fondé à

Prouille, en plein pays albigeois. Les Frères courent le monde pour prêcher l'Evangile et convertir les pécheurs ; les Sœurs, derrière les grilles de leur cloître, souffrent et prient pour que leur ministère soit béni : Frères et Sœurs, animés du même esprit, coopèrent au même but : le salut des âmes. Dominique aimait tendrement ses filles. Que de fois il fit le chemin de Sainte-Sabine à Saint-Sixte pour les instruire de leurs devoirs, les consoler dans leurs peines, les fortifier dans leurs tribulations! Un jour, après avoir fait à la grille une longue conférence, il leur dit : « Ce sera une bonne chose, mes filles, que nous buvions un peu. » Frère Roger, le cellérier, apporte une coupe pleine de vin ; l'homme de Dieu la bénit et les Frères d'abord, au nombre de trente, en boivent tant qu'ils veulent sans que le vin diminue. Puis Dominique appelle la Sœur

Nubia et lui dit : « Allez au tour, prenez la coupe et donnez à boire à toutes les Sœurs.» Elle prit la coupe, pleine jusqu'au bord. La Prieure but la première, puis toutes les Sœurs, — elles étaient cent quatre, — et le bienheureux Père disait : « Buvez, mes filles, buvez à votre aise. » Et quand elles eurent bu, la coupe était encore pleine.

Ce même soir, le bienheureux Père dit tout à coup : « Mes filles, le Seigneur veut que j'aille à Sainte-Sabine consoler mes fils. » La Prieure des Sœurs et les Frères voulaient le retenir : « Père saint, disaient-ils, il est tard, il vaut mieux rester ici. » Lui cependant refusait d'acquiescer à leur désir : « Le Seigneur veut que je parte, répétait-il, il enverra son Ange. » Et prenant avec lui Frère Tancrède et Frère Odon, il partit. Et voici qu'à peine sorti, un jeune homme d'une grande beauté se trouva devant la porte, un bâton à la main, comme pour marcher, et il les précédait. La porte du couvent était fermée. Le jeune homme s'appuya dessus, elle s'ouvrit, et le bienheureux Père entra avec ses fils. Le jeune homme disparut, c'était l'Ange du Seigneur. Les Frères chantaient Matines, et grande fut leur surprise de les voir entrer, les portes étant fermées. Or, il y avait un novice qui avait résolu de quitter l'Ordre dès le matin. Le bienheureux Père, qui le savait par révélation, l'avertit doucement, mais le jeune homme, insensible à sa prière, dépose son habit : « Mon fils, lui dit Dominique, attendez un peu ! » Et se prosternant, il priait avec ferveur. Le jeune homme, touché de la grâce, se jette à ses pieds, le conjure de lui rendre l'habit de l'Ordre et lui promet d'être fidèle. Le lendemain, le bienheureux Père dit à ses filles : « L'ennemi de Dieu voulait ravir une des brebis du Seigneur, mais le Seigneur l'a délivrée de ses mains. »

Un jour qu'il faisait une conférence aux Sœurs ayant autour de lui plusieurs cardinaux, dont le cardinal Etienne Orsini, des Frères et des nobles romains, voilà qu'un homme se précipite dans la salle du Chapitre en s'écriant : « Le neveu de Monseigneur Etienne vient de se tuer en tombant de cheval. » Le cardinal Orsini, entendant nommer son neveu, se penche défaillant sur le bienheureux Père. Celui-ci l'asperge d'eau bénite, se rend près du cadavre qui gisait par terre, horriblement mutilé, et le fait transporter dans une chambre séparée. Puis il monte à l'autel pour offrir le Saint Sacrifice. Ses larmes coulaient abondamment. Au moment de la consécration, pendant qu'il élevait le corps du Seigneur, lui-même fut soulevé de terre, dans le ravissement de l'extase. Quand il eut fini, il s'approcha du défunt, suivi des cardinaux, des Frères et d'une foule nombreuse ; il touche de sa main très pure la tête, les pieds et les autres membres brisés, les arrange doucement et les remet en ordre. Puis, tourné vers ce cadavre, le visage illuminé, les bras étendus vers le Ciel, il entre en prière ; son corps se soulève à plus d'une coudée, et ainsi suspendu en l'air par la vertu divine, il crie à haute voix : « Jeune Napoléon, je te le dis au nom de Notre-Seigneur Jésus-Christ, lève-toi ! » Et le jeune homme se leva, brillant de santé, et dit à son sauveur : « Père, donnez-moi à manger ! »

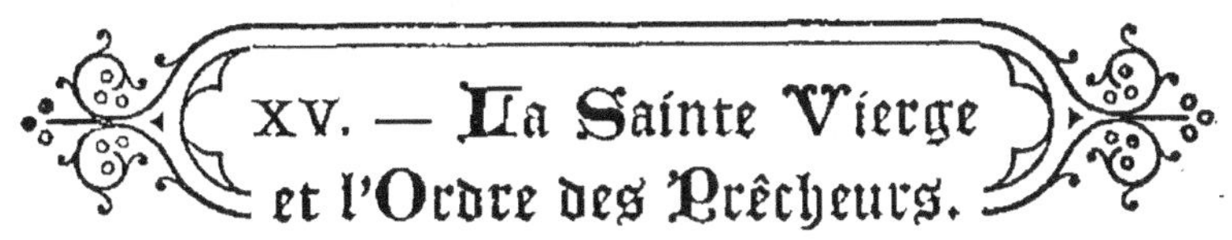


LA Sainte Vierge entoura le berceau de l'Ordre des Prêcheurs de sa tendresse la plus maternelle. Il eut ses plus gracieux sourires. Dans les premières années de sa fondation, l'Ordre portait le costume des chanoines d'Osma : tunique de laine blanche recouverte d'un surplis de lin, l'une et l'autre enveloppés d'une chape et d'un capuce de laine noire. La Sainte Vierge daigna prendre possession officielle et publique de l'Ordre en lui donnant un nouvel habit.

L'an 1218, vint à Rome, au tombeau de saint Pierre, maître Réginald, Doyen du Chapitre de Saint-Aignan d'Orléans. C'était un homme célèbre, savant professeur de droit canonique, de mœurs pures, et désireux de se dévouer au service de Dieu en prêchant l'Evangile.

L'Ordre naissant des Prêcheurs lui était inconnu. Comme il s'ouvrait de son projet à un cardinal, celui-ci lui dit : « Justement un Ordre nouveau vient de se fonder dans ce but et le fondateur demeure ici. » Joyeux de cette nouvelle, Réginald va trouver le bienheureux Père et se décide à le suivre. Quelques jours après, il tombe gravement malade. Dominique, dont le cœur s'était pris de tendresse pour lui, demandait avec larmes sa guérison. Et voici qu'un jour maître Réginald eut une vision. La Reine du Ciel lui apparut accompagnée de deux vierges : « Demande-moi ce que tu veux, dit-elle au malade, je te le donnerai. » Comme il délibérait en lui-même, une des vierges lui insinua de s'en remettre à la volonté de sa céleste Mère. Alors la douce Mère, étendant ses mains virginales, lui fit une onction sur les yeux, les oreilles, les narines, la bouche, les mains et les pieds, en prononçant des paroles appropriées à chaque onction. Aux pieds, elle dit : « J'oins tes pieds pour la préparation de l'Evangile de paix ; » aux reins : « Que tes reins soient ceints du cordon de la chasteté. » Puis, lui montrant un scapulaire blanc, elle ajouta : « Voici l'habit de ton Ordre, » et elle disparut à ses yeux. Réginald se trouva aussitôt guéri. Le lendemain, quand Dominique vint le voir, il lui raconta sa vision et le saint homme, heureux de recevoir de Marie l'habit distinctif de son Ordre, laissa le surplis de lin pour porter le scapulaire. « Né au désert d'un sentiment de pudeur, tombant comme un voile sur le cœur de l'homme, le scapulaire était devenu dans la tradition chrétienne le symbole de la pureté, et par conséquent l'habit de Marie, la Reine des Vierges.

» En même temps donc qu'en la personne de Réginald, Marie ceignait les reins de l'Ordre du cordon de la chasteté, et préparait ses pieds à la prédication de l'Evangile, elle lui donnait dans le scapulaire le signe extérieur de cette vertu des Anges sans laquelle il est impossible de sentir et d'annoncer les choses célestes (1). »

Une nuit, le bienheureux Père, après avoir longuement prié dans l'église de Sainte-Sabine, entra dans le dortoir des Frères et, s'arrêtant à l'une des extrémités, il recommença ses oraisons. Et voici qu'il aperçoit tout à coup à l'autre bout trois femmes, dont l'une, qui était au milieu, paraissait la plus belle et la plus vénérable. Ses compagnes portaient, l'une un vase magnifique, l'autre un aspersoir qu'elle présentait à sa souveraine.

---

1. P. Lacord. *Vie de saint Dominique.*

Celle-ci, passant à travers le dortoir, aspergeait chacun des Frères et le bénissait en faisant le signe de la croix. Un seul fut excepté : il n'eut ni goutte d'eau bénite, ni un signe de croix. Le bienheureux Père s'approche, se jette aux pieds de la femme qui bénissait et, quoiqu'il l'eût déjà reconnue, il lui dit humblement : « Madame, je vous en conjure, dites à votre serviteur qui vous êtes. » — Or, à cette époque, les Frères récitaient à genoux tous les soirs le *Salve Regina.* — « Je suis, répondit l'auguste visiteuse, cette reine de miséricorde que vous invoquez dévotement tous les soirs, et lorsque vous dites : *Eia ergo, advocata nostra,* je me prosterne devant mon Fils en le suppliant pour la conservation de cet Ordre. » Alors l'homme de Dieu, causant familièrement avec la Mère du Sauveur, lui demande : « Quelles sont ces jeunes filles si belles qui vous accompagnent ? » — « Ce sont Catherine et Cécile, » répondit-elle. — Et lui de nouveau : « Pourquoi avez-vous passé ce Frère en vous détournant sans le bénir ? » — Elle répondit : « Parce que sa posture n'était pas convenable. » Et ayant achevé le tour du dortoir, elle disparut. Le saint homme continua sa prière et soudain, ravi en extase, il vit le Seigneur JÉSUS sur un trône et la Vierge sa Mère assise à sa droite, revêtue d'un manteau de couleur de saphir. Regardant autour de lui, Dominique voit des religieux de tous les Ordres, et aucun du sien. Son cœur est oppressé, son front rougit de honte, et il se met à pleurer amèrement. Dans son effroi, il n'ose s'approcher du Seigneur ni de sa Mère. Celle-ci lui fait signe ; il s'approche et se jette à ses pieds tout en larmes.

« Lève-toi, lui dit le Seigneur : pourquoi pleures-tu si amèrement ? » — Le bienheureux Père répondit : « Je pleure parce que je vois ici des religieux de tous les Ordres et aucun du mien. » — Le Seigneur lui dit : « Veux-tu voir ton Ordre ? » — Il répondit en tremblant : « Oui, Seigneur. » Et le Fils de Dieu, posant la main sur l'épaule de sa Mère, reprit : « J'ai confié ton Ordre à ma Mère ; veux-tu absolument le voir ? » — Il répondit : « Oui, Seigneur. » — Alors, la Reine des Cieux ouvrit son manteau d'azur et, l'étendant sous les yeux de Dominique de telle sorte qu'il couvrait de son immensité la céleste Patrie, il vit sous ses plis lumineux une multitude innombrable de ses enfants, se pressant amoureusement contre leur Mère.

# XVI. — Mort de saint Dominique.

'ORDRE des Prêcheurs est fondé ; le Ciel et la terre ont fêté et béni son berceau. Il a six ans et déjà ses enfants ont pris possession du monde. Ses Constitutions premières ont été fixées par le chapitre général de 1220, l'aîné de tous, célébré à Bologne sous la présidence du saint Fondateur. Dominique peut mourir. En 1221, étant encore à Bologne, il connut par révélation que l'heure de la récompense était proche. Un jeune homme d'une grande beauté lui apparut et lui dit : « Viens, mon bien-aimé, viens, entre dans la véritable joie. »

L'homme de Dieu comprit et, s'entretenant avec quelques amis, il leur dit : « Vous me voyez en ce moment en bonne

santé, eh bien ! avant l'Assomption de
Notre-Dame je serai allé voir le Seigneur. »
Vers la fin de juillet de cette même année,
après la célébration du deuxième chapitre
général, revenant de Venise où il était allé
voir son ami le cardinal Ugolin, depuis
Pape sous le nom de Grégoire IX, le bienheureux Père rentra à Bologne, accablé
par la fatigue du voyage. Malgré ses souf-
frances, il s'entretint longuement avec le
Prieur du couvent et assista à Matines. L'office terminé, il dit au Prieur qu'il avait un
violent mal de tête. La maladie fit des
progrès rapides. Etendu sur un sac, — car
il avait refusé un lit, — le saint, consumé
par la fièvre, gardait un visage joyeux, sans
une plainte, sans une marque d'impatience.
Il fit venir près de sa couche les novices et,
les regardant avec tendresse, il les exhorta
vivement à l'observance des Constitutions

de l'Ordre. Puis, appelant douze Frères des plus anciens, il fit tout haut devant eux la confession générale de toute sa vie au Frère Ventura : « Mes enfants, leur dit-il, la miséricorde de Dieu m'a conservé jusqu'à ce jour une chair pure et une virginité sans tache. C'est la garde de cette vertu qui rend le serviteur de Dieu agréable au Christ et qui lui donne gloire et crédit devant les hommes. » — Le pauvre de Jésus-Christ n'avait rien à léguer à ses fils : « Voici, mes frères et mes fils, leur dit-il, ce que je vous laisse en héritage : ayez la charité, gardez l'humilité, possédez la pauvreté volontaire. »

Les Frères étaient dans la désolation. Espérant sauver leur Père en lui faisant changer d'air, ils le transportèrent à Sainte-Marie-du-Mont. Lorsqu'il y fut, il se sentit défaillir. — « Mon fils, dit-il au Prieur, à

Dieu ne plaise que je sois enseveli ailleurs que sous les pieds de mes frères. » — Et, reprenant leur Père, les religieux le rapportèrent au couvent, tremblant de le voir mourir en chemin. Comme il n'avait pas de cellule à lui, on le déposa dans celle du Frère Moneta, où il reçut l'Extrême-Onction. Il était étendu sur la cendre ; à sa tête le Frère Rodolphe essuyait la sueur qui coulait sur son visage. Les autres Frères l'entouraient, gémissant et pleurant. Le bon Père, les voyant pleurer, les consolait : « Ne pleurez pas, mes fils bien-aimés, que ma mort ne vous trouble pas ! Au lieu où je vais, je vous serai plus utile que je ne le fus ici. » Un des Frères lui dit : « Père, où voulez-vous que votre corps soit enseveli ? » — L'homme de Dieu répondit : « Sous les pieds des Frères. » — « Père, lui dit le Prieur, souvenez-vous de nous et priez pour nous devant le Seigneur. » Et lui, déjà absorbé en DIEU, levant ses mains, il dit : « Père Saint, vous savez que j'ai accompli joyeusement votre volonté, et ceux que vous m'avez donnés, je les ai conservés. Je vous les recommande. Conservez - les, gardez - les ; pour moi, je viens à vous, Père Céleste ! »

L'instant suprême approchait : « Commencez la recommandation de l'âme, » dit-il au Prieur, et, à genoux autour de leur Père expirant, les Frères invoquaient les Anges et les Saints, dont il allait partager la gloire. « Saints de DIEU, disaient-ils, venez à son aide, — *Subvenite, Sancti Dei ;* — venez au-devant de lui, Anges du Seigneur, prenez son âme et portez-la en présence du Très-Haut. » A ces mots, les mains toujours levées au Ciel, comme les tendant à son Père, Dominique rendit le dernier soupir. C'était le sixième d'août 1221, il avait cinquante-et-un ans.

Douze ans après, Grégoire IX, son ami, canonisait solennellement le Fondateur des Prêcheurs, glorifié devant les hommes par d'éclatants et nombreux miracles. Ses restes vénérés, retirés de l'humble sépulcre où ils avaient été déposés, reposent depuis lors dans un tombeau en marbre blanc, dont la pureté et la gracieuse harmonie des lignes redisent l'innocence sereine et la tendresse de cœur de celui qu'il honore.

# Table des Matières.

# Table des Gravures.